AF497862

RÉPONSE

de

M^r. VITAL BENAÏS,

au Mémoire

de

M^r. Félix Amédée MESSIER,

daté de Paris, 8 Juillet, 1853.

Lith. Boucher & Appel, 64, r. Vieille du Temple, Paris.

(2)

Réponse

de Monsieur Vital-Benaïs au Mémoire
de Monsieur Félix Amédée Messier, daté
de Paris 8 Juillet 1853.

Messieurs les Juges,

Lorsque dans notre dernière séance les débats furent
clos et le Procès-Verbal ad hoc signé, j'étais loin de m'attendre
que la partie contraire, sous un certain nom de Messier de
Saint-James, nom que vous devriez, Messieurs, faire dispa=
raître de notre cause et contre lequel je proteste de nouveau,
puisque je n'ai à faire qu'à Monsieur F. A. Messier,
présenterait, plus d'un mois après ces mêmes débats clos,
un mémoire de 37 pages; mais puisque vous l'avez admis,
Messieurs, c'est que vous avez trouvé juste de l'admettre,
aussi j'aime à croire que vous me permettrez d'y répondre.

Nous ne considérons pas, Messieurs, votre mission
comme une mission paternelle mais bien comme celle de Juges
qui tous en consultant leur conscience, appliquent les
lois qui régissent les questions qui leur sont posées; vos
audiences ne sont pas publiques il est vrai, mais votre
sentence le sera, puisqu'elle sera homologuée par le

Tribunal de Commerce.

Le Législateur vous dit-on, a voulu ôter aux contes-
tations entre associés ce que la publicité a d'irritant
pour les amours-propres mis en jeu en faisant de discussions
entre associés une véritable querelle de famille. Benaïs
a-t-on ajouté :

« Ne s'est pas arrêté à cette sage considération. Son
« but en plaidant contre Monsieur F. A. Messier était
« de faire du bruit, beaucoup de bruit ; aussi a-t-il fait
« autographier successivement trois Mémoires, destinés
« surtout à éclairer ses nombreux confrères sur la moralité
« des débats qui s'agitaient entre lui et son ancien
« commis dans le cabinet de Messieurs les arbitres. »

« C'est là un procédé que les Juges de Messieurs
« Benaïs et Messier sauront apprécier. »

Oui, Messieurs, vous apprécierez j'en ai la certitude
les motifs qui m'ont fait autographier mes trois mémoires
Les motifs, qui mieux que moi peut les savoir ? Car je ne
pense point que l'on puisse mieux que moi interpréter
ma pensée ; cette pensée, je l'avoue, a été d'éclairer
le Tribunal sur la cause qu'il avait à juger en même
temps que les personnes que mon adversaire avaient
consulté ; éclairer c'était mon devoir et c'est pour cela
que j'ai fait autographier mes défenses afin que nos Juges
les eussent toujours présentes à la mémoire et qu'ils

... d'une manière positive que je n'avançais pas un fait pour le rétracter ensuite; chose qu'ont fait nos adversaires en venant d'abord vous dire que la vente n'avait été conclue qu'au 31 Juillet, circonstances qu'ils démentent aujourd'hui par leur propre écrit; mais, en avançant ce fait erroné dans le principe, ils voulaient écarter le fait grave qu'ils ont commis dans le silence qu'ils ont gardé le onze et le 27 Juillet dans l'illégale liquidation et en le rétractant aujourd'hui par leur écrit ils écartent de nouveau une faute plus grave, faute qui, comme je l'ai dit dans mon dernier mémoire, aurait dû être jugée par un autre Tribunal que le Tribunal de Commerce.

On vous dit, Messieurs:

« Il eut été déraisonnable d'entreprendre de suivre
« Monsieur Asnaïr dans les nombreux détails qu'il a
« publiés, sans grand ordre, sur ses relations avec
« Monsieur F. A. Messier et sur les débats ouverts
« devant le Tribunal arbitral. »

Nous ne pouvons, Messieurs, nous empêcher de sourire devant ces trois mots " sans grand ordre." Est-ce bien notre adversaire qui s'exprime ainsi? Lui dont le désordre est patent et constaté par lui-même dans son deuxième paragraphe de la 8ème page de la lettre du 9 Mars 1852 citée dans mon troisième mémoire page 3; vraiment, Messieurs, c'est ici le cas de ...

servir des propres expressions de notre adversaire en
disant qu'il est ridicule de nous taxer de désordre. Vous
avons-nous demandé, nous, que vous taxiez de désordre,
la copie de vos propres lettres et de vos propres comptes,
que vous nous avez demandé ? Non, sans doute. Vraiment
vous êtes par trop bons de nous forcer de vous rappeler
le point le plus faible de votre discussion.

Vous ne voulez pas nous suivre, dites vous, dans nos
nombreux détails et bien nous, nous voulons vous suivre
et vous suivre pas à pas sans rester trente et quelques jours
à faire notre réponse.

Mais avant j'ai besoin de vous dire comme dans
mon premier mémoire page 18 :

« Je ne suis pas avocat, mais je vous répondrai
« avec cette conviction et cette vérité qui fait que je ne
« crains nullement le talent, la précision de pa-
« roles et l'éloquence de votre avocat. »

Talent, précision de paroles et éloquence que je
voudrais avoir dans ces momens-ci pour pouvoir vous
prouver combien vous êtes faible dans votre défense.

Mais allons au fait.

D'abord, je ne vous ai jamais cédé la suite
de mes affaires, première erreur de votre part. Ce que
je vous ai cédé c'est le local ; je ne vous ai jamais dit non
plus qu'en apprenant à Panama les évènemens accomplis

à Paris en Février 1848, j'avais compris la nécessité d'aug=
menter mes relations de Commerce avec le Pérou, seconde
erreur. Ce n'est pas moi qui vous ai proposé de faire des
affaires au Pérou, mais bien vous Monsieur F. A. Messier,
vous, qui ne pouvant plus soutenir la concurrence que vous
faisaient certaines maisons, me proposâtes de faire
des affaires en participation, car vous payiez à cette
époque 35 pour cent de Commission sur les marchandises
et comme le magasin que je vous avais cédé ne pouvait
faire de grands bénéfices en payant 35 pour cent payable
à six mois, vous aviez besoin de vous créer un correspondant
en France et vous étiez si persuadé de cette vérité à cette
époque, Monsieur F. A. Messier, que ne voyant plus
d'avenir en opérant ainsi, vous vendîtes à Monsieur
Bondy votre magasin et vos existences, existences que vous
réduisîtes en huit ou dix jours d'environ 25,000 à 30,000
piastres, afin de ne laisser dans votre magasin que très
peu de marchandises; circonstance que l'on fait toujours
lorsqu'on veut vendre son Établissement. Mais alors vous
étiez seul et unique intéressé dans votre magasin et vous
eûtes le soin de stipuler dans votre contrat de vente que si
l'inventaire, fait par les arbitres nommés par vous et
votre adversaire, ne vous convenait point, la vente serait
nulle moyennant une somme de 4000 piastres soit 20,000
francs que vous compteriez à Monsieur Bondy, c'est ce que

vous avez fait, parceque l'inventaire ne vous a pas convenu?

Dans cet inventaire Monsieur F. A. Messieu que vous avez autorisé et pour lequel vous avez nommé un parfait honnête homme pour vous représenter, vous avez eu le droit de ne pas l'admettre et moi qui était à 4,000 lieues de Lima, moi que personne ne représentait à cet inventaire fait par les trois acheteurs eux-mêmes, je n'aurais pas le droit de vous critiquer, cela serait trop fort et s'il y avait des lois qui autorisassent de pareils actes, il faudrait renoncer à tout jamais à toute transaction commerciale. Nous pouvons donc qualifier ceci d'une troisième erreur.

Nous lisons dans la 3ᵐᵉ page:

« Monsieur F. A. Messieu avait prévenu Monsieur
« Benaïs pendant un voyage qu'il fit en France
« dans le courant de l'Année 1850 de sa résolution bien
« arrêtée de revenir prochainement à Paris pour se
« fixer définitivement dans sa famille en laissant sa
« maison de Lima avec une commandite à ses deux
« principaux employés, Messieurs Ruttinger et
« Barlet. »

Quatrième erreur, car jamais en France, Monsieur F. A. Messieu ne m'a parlé de Monsieur Barlet, je crois même qu'il ne le connaissait point, je dis, je crois.

On vous a cité la lettre du 23 Mars de Monsieur F.

A. Messiers à ma réponse à cette lettre sur l'association qui devait avoir lieu. Ce fait, Messieurs, a été assez éclairci par moi sans que j'y réponde pour le moment, cela viendra plus tard, en attendant; je nie de la manière la plus positive que la lettre de Monsieur F. A. Messier sous la Date du 11 Juillet 1852 m'apprenne la formation de la société Messier, Ruttinger et Barles, cette lettre, Messieurs, vous l'avez Dans mes Mémoires et vous la connaissez aussi bien que moi.

Dans sa page 5 vous trouvez ce curieux paragraphe:

« Le Packet de Juillet apporta à Monsieur
« Bénair de nouvelles explications pour le tenir au
« courant Des conventions faites avec Messieurs
« Ruttinger et Barles. »

Je n'ai pas de très-bons yeux, je conviens que ma vue est faible et c'est pour cela que je me suis fait lire plusieurs fois cette lettre du 27 Juillet pour y trouver le paragraphe qui m'apprenait la formation De la nouvelle maison; mais mon lecteur n'a pas été plus heureux que moi et n'a pu trouver ce qu'avance mon adversaire. — Mais savez-vous ce que nous avons trouvé Dans cette lettre du 27 Juillet? Mais, oui, vous le savez, Messieurs, mais permettez-nous De vous le redire encore, nous trouvons page 2me ligne 23me et suivantes:

« .... Travaillez donc sous mon
« inspiration seulement ! »

C'est je crois, Messieurs, du bon et du très-bon
français et ces six mots sont tellement positifs qu'il
est incontestablement prouvé par eux que l'on voulait
me faire croire que rien n'était encore fait à cette
époque du 27 Juillet.

Nous avons su, Messieurs, la détermination
de notre adversaire par sa lettre du onze Août 1852 ; nous
avons été indigné et nous avons protesté de la manière
la plus formelle par notre lettre du trente Septembre
de la même année à l'illégale liquidation que nous
annonçais la lettre du 11 Août. — Cette protestation
vous la trouverez, Messieurs, dans notre troisième
mémoire, page 50 et suivantes.

Nous vous avons dit, Messieurs, que notre
adversaire voulait se servir de nous par tous les
moyens possibles, jusqu'et en après son illégale liquidation, nous vous avons donné les preuves les plus
convaincantes, mais notre adversaire est si bon dans
la cause qui nous occupe qu'il vient encore dans sa
page 7 Article 11 de son contrat de société avec Messieurs Ruttinger et Barter vous les prouver de la
manière la plus patente, car écoutez cet article :

« Article 11. La Société prendra pour son compte

« toutes les marchandises existantes à Lima, dans le
« Magasin, et dans la Douane du Callao, aux prix
« courans du marché, et pour les marchandises à
« bord achetées en Europe ou dont l'achat serait
« ordonné en Europe à Monsieur Vital Benais de
« Paris avec une prime de 30 pour cent sur le montant
« des factures telles que les construit Monsieur Benais
« avec exclusion de toute commission d'achat, en leur
« importance ainsi calculée sera traduite à raison
« de 5 francs pour une piastre courante. »

Vous le voyez, Messieurs, « Ou dont l'achat serait
« ordonné en Europe à Monsieur Vital Benais de
« Paris. » Et de là, Messieurs, la note N.° 71 envoyée
« par la lettre du 26 Juin; ainsi, vous le voyez, Monsieur F. A. Messier voulait cumuler: Prendre la moitié
des bénéfices avec Vital Benais, sa prétendue commission
de garantie; puis son tiers dans les bénéfices résultants de
la vente de ces mêmes marchandises par la nouvelle
maison.

Passons à la page 8 et après la conduite de
Monsieur F. A. Messier à Lima, lisons, s'il est possible de sangfroid son quatrième paragraphe et demandons
nous sous quelle influence il a été écrit.

Ce Paragraphe le voici:

« Cependant en revenant en France, Monsieur,

« F. A. Messier était encore préoccupé d'un point
« important pour lui : Il tenait à conserver avec
« Monsieur Bénard les bonnes relations d'amitié
« qui étaient nées entre eux pendant les quatre
« années qu'avait duré leur communauté d'intérêts. »

Et pour appuyer ce dire on vous dit, en parlant
de Monsieur F. A. Messier :

« La première lettre qu'il reçu par duplicata
« de Monsieur Vital-Bénard en arrivant à Paris
« dut les rassurer complètement à cet
« égard. »

Et à cela on vous cite ma lettre du 31 Août
qui, d'après Monsieur F. A. Messier lui-même,
ne fut lue que quelques jours après son arrivée
et après m'avoir vu et avoir causé avec moi dans mon
cabinet.

Ici, Messieurs, il est bon que vous sachiez
que Monsieur F. A. Messier était parfaitement
fixé avant d'arriver à Paris sur ce que je pensais
de son illégale liquidation, car il en fut instruit au
Hâvre par la maison Quesnel frères et Compie,
ce qui prouve que toutes les citations de mon adversaire sont en dehors de la vérité !

Je ne reviendrai point sur ma lettre du 31 —
Août, lettre reçue en Novembre à Paris, et que

j'ai eu l'honneur de vous analyser par une lettre
ad hoc.

Page 10, on vous dit, Messieurs :
« Il est donc bien évident qu'entre la lettre
« du 31 Août et celle du 30 Septembre, Monsieur
« Bénart a subi quelque influence étrangère aux
« affaires de la participation. »

On a été jusqu'à vous dire que pour me
préparer à subir cette influence j'avais passé le
Courrier du 15 Septembre sans écrire, en faisant écrire
par un Commis « que des préoccupations de famille
« m'empêchaient de répondre à sa lettre du
« 27 Juillet. »

Ces préoccupations de famille, Messieurs,
étaient la fille de mon frère au lit des morts,
presque abandonnée par Monsieur Marchal de Calvi
son médecin. En présence d'une pareille circonstance
et des nuits passées auprès de la malade, pouvais-
je avoir l'esprit assez tranquille pour répondre
à une lettre, non, Messieurs et vous approuverez,
j'ose le penser, le silence forcé que j'ai été obligé
de garder pendant un packet et du reste cette
lettre du 27 Juillet n'annonçait encore rien de
décidé puis qu'on y lit page 2 ligne 23e et suivantes
« Travaillez donc sous mes inspirations seulement. »

On vous dit encore dans cette même page 10 :

« Quoiqu'il en soit, Monsieur F. A. Messier,
« n'épargna rien pour ramener Monsieur
« Bénard à de meilleures idées ; démarches,
« correspondance, tout fut employé. »

Mais lorsqu'on est fort de son droit et qu'on
a la conscience d'avoir bien fait, on n'a pas besoin
de tâcher de ramener une personne que vous croyez
égarée ; mais, vous n'étiez fort ni de votre droit ni de
votre conscience. Un pressentiment vous disait que vous
aviez mal fait et ce pressentiment vous n'avez pu vous
empêcher de le manifester depuis votre arrivée en France ;
car, nous lisons dans vos lettres des 20 Novembre et huit
Décembre 1852, ce qui suit :

Lettre du 20 Novembre 1852, page 2ème, aux
trois dernières lignes :

« Enfin je suis habitué à perdre et je m'esti-
« merai heureux si seulement ma poche en
« souffrait. »

Lettre du huit Décembre 1852, Page 3, ligne
23ème et suivantes :

« .... et j'ajouterai que quelque
« soit le résultat de l'arbitrage j'en accepterai
« pour moi seul tout le résultat, car je ne saurai
« et n'aurai jamais le courage de faire payer

« à ces Messieurs, mes associés de Lima, une
« augmentation, quelque minime qu'elle soit,
« sur les marchandises de notre compte à demi. »

Ces deux citations, Messieurs, sont la condamnation formelle de l'illégale liquidation.

On vous dit :

« Pour ôter à Monsieur Vital Benaïs tout pré-
« texte de plaintes nous lui offrîmes le 14 Novembre
« de prendre les articles qu'il trouverait cotés par
« trop bas dans notre inventaire. »

Mais, Messieurs, nous ne pouvions pas accepter ces propositions. Nous vous avons dit nos raisons et nous ajouterons, puisqu'il le faut, qu'à cette époque, nous n'avions plus confiance dans notre adversaire.

On vous répète page 11 :

« Monsieur F. A. Messier avait précédemment
« offert aussi d'escompter les factures des marchan-
« dises cédées à sa nouvelle maison, et Monsieur
« Benaïs avait également refusé cette proposition. »

Oui nous avons refusé cette proposition parce que c'était un piège que vous nous tendiez, attendu qu'en acceptant l'escompte de vos ventes, nous aurions approuvé ces mêmes ventes et du reste, Messieurs, vous êtes aujourd'hui convaincus que Monsieur F. A. Messier ne pouvait pas escompter puisqu'il n'a pas pu le faire pour la provision demandée, provisions que vous l'aviez engagé à compter pour, si ma mémoire est fidèle, faire cesser, disiez-vous, une question brulante.

Je m'abstiens de rappeler ici les motifs que fit valoir devant vous mon adversaire sur le non paiement de cette provision.

On vous dit encore, Messieurs, dans cette même page 11 :

« Monsieur Benaïr me fois assigné donna immé-
« diatement la mesure des moyens qu'il entendait
« employer devant la justice ; en effet il commença
« par soutenir que Monsieur Messier de St James,
« ayant opéré commercialement avec lui sous le
« nom de F. A. Messier, ne pouvait employer
« d'autre nom dans les débats judiciaires. »

Oui, je commençai ainsi mon procès avec vous, parceque j'en avais le droit, et parce que encore s'il vous a plu de changer de nom, il ne m'a pas plu à moi de changer de débiteur. Du reste le Tribunal de Commerce et vous, Messieurs, avez apprécié ma juste réclamation : Le Tribunal de Commerce en nous renvoyant devant vous sous les noms de F. A. Messier et Vital Benaïr, et vous, Messieurs, en stipulant dans le premier procès verbal, que vous vous constituiez pour connaître des différends entre Messieurs Félix Amédée Messier

Vital Benais.

Je ne reviens pas sur les conclusions, vous les connaissez et elles n'ont pas eu le bonheur de plaire à notre adversaire, ce dont nous sommes vraiment fâchés.

Nous arrivons à la page 13 où nous trouvons ce curieux paragraphe, expression de la vérité et qui est sur un point la condamnation de notre adversaire.

« Loin de nous l'intention de méconnaître
« ce principe de notre Droit, que le mandataire
« chargé de vendre un objet et de débattre les
« conditions au plus grand avantage de son
« commettant, ne peut se vendre à lui-même.
« En effet, il est naturel de penser qu'un mandataire,
« vendeur pour autrui et achetant pour son propre
« compte sacrifiera l'intérêt qui lui est confié à
« son intérêt personnel. »

Eh bien, Messieurs, que voulez-vous de plus clair que cette condamnation de la vente de l'illégale liquidation par notre même adversaire, et maintenant qu'avons-nous à lui répondre si ce n'est : Vous reconnaissez en Droit que notre contrat ni les lois qui régissent les affaires en participation ne vous autorisent point à vous vendre à vous-même et cependant, Monsieur F. A. Messier a vendu à Monsieur F. A. Messier, Prouvez-nous maintenant l'autorisation que nous vous avons donnée de vous vendre à vous Monsieur F. A. Messier ? Et dans le cas de prouver positivex nos Juges vous dégageront de l'illégalité commise ; mais cela vous est impossible et nous vous en défions.

Page 14, Paragraphe 2, nous trouvons :

« Nous avons dit que Monsieur Messier était
« le chef d'une maison importante lorsque Monsieur
« Benaïs lui proposa d'entamer des affaires en
« participation. Cette maison, fondée depuis plusieurs
« années par Monsieur Messier, augmentée encore
« par la suite d'affaires de Messieurs Benaïs
« Belloc en Compagnie, acquise par Monsieur Messier
« en 1847, prenait chaque jour une grande extension,
« et il fut bientôt possible de la comparer aux maisons
« de nouveautés de Paris les plus considérables. »

C'est, je l'avoue, se donner les plus beaux gants qu'ait jamais établi la fabrique de Paris et si ce paragraphe n'avait eu un but et ne contenait un fait en dehors de toute vérité, nous nous abstiendrions d'y répondre ; mais que veut-vous prouver par là, Messieurs, que Monsieur F. A. Messier, première maison, pouvait se passer de Monsieur Benaïs et que ce dernier a été heureux de trouver Monsieur F. A. Messier. Loin de nous la pensée de dire que nous n'avons pas accepté avec plaisir d'entrer en participation avec Monsieur F. A. Messier.

Monsieur F. A. Messier, comme nous l'avons déjà dit, était lorsque nous l'avons pris, une maison de détail, payant à Monsieur Henri de Villeneuve 35 pour cent sur les marchandises que ce dernier lui expédiait, par l'intermédiaire de la maison Thomas Lachambre & Compagnie; c'est donc une erreur et une erreur grave de vouloir se constituer dans cette position comme une maison importante et se comparer aux maisons de nouveautés de Paris les plus considérables. Cette prétention est donc encore une erreur; mais ce que nous relèverons avec force c'est que Monsieur F. A. Messier se permette de dire, dans un mémoire écrit, qu'il a pris la suite des affaires de Messieurs Benaï, Bellot & Co. Ce fait est faux.

Dans la Page 15 notre adversaire revient encore sur la lettre du 31 Août en disant qu'ils avait le droit de vendre; nous avons assez prouvé le contraire pour ne pas être obligé de revenir là dessus. Cependant nous ne saurions passer sous silence ce paragraphe de notre adversaire, paragraphe bien caractéristique puisqu'il qualifie ces prétendu droit d'exhorbitant, ce qui veut dire que l'écrivain n'était pas très-sûr de ce qu'il écrivait; car, voici comment il s'exprime:

« Ce droit, quelque exhorbitant qu'il paraisse

« à des habitants de la Métropole, ressortait forcé-
« ment aussi de la position des personnes et des
« choses et il a reçu la sanction la plus complète
« dans les lettres de Monsieur Vital Benaïs des
« 14 Mai et 31 Août. Monsieur Benaïs avait compris
« alors que la moralité de Monsieur F. A. Messier
« lui répondait de la loyauté des Inventaires et des
« estimations. »

Oui, votre droit est exhorbitant et, comme vous
le dites, les habitants de la Métropole ne sauraient le
considérer différemment ; la lettre du 14 Mai ne vous
autorise pas à vous vendre ni à constituer en notre absence
une société sous l'influence de cette même lettre, et notre
lettre du 31 Août n'a pu vous autoriser à vous appliquer
notre bien, puisque ce bien, vous l'avez pris le 30 Juin
1852 et que notre lettre du 31 Août vous ne l'avez reçue
à Paris qu'en Novembre 1852, c'est-à-dire près de
cinq mois après l'illégale liquidation.

Oui, c'est vers le 4 Juin ou au plus tard le
10 du même mois que vous avez déterminé votre société,
puisque par votre lettre du 14 Novembre 1852, vous
nous dites :

« Ainsi dès le premier ou le deuxième courrier
« de Juin, je pouvais bien vous écrire, qu'au 1er Juillet
« 1852, ma maison ne serait plus pour mon compte

« particulier. »

Page 18, nous trouvons :

« On sait maintenant comment Monsieur Benaïs
« fait ses extraits de lettres. »

Eh, mon Dieu, Oui, ces Messieurs savent
comment je fais mes extraits de lettres ! Ai-je cité
quelque chose qui ne soit pas vrai ? Voilà le fait principal,
Répondez ?

Enfin dans le second paragraphe de la même
18ème page et après qu'il est parfaitement reconnu que
dès le premier Courrier de Juin tout était arrêté, on ose
encore venir vous dire, Messieurs,

« La demande de nouvelles marchandises à la
« Date du 26 Juin s'expliquait, on les comprendra
« facilement, par l'espoir de maintenir encore des
« relations avec Monsieur Vital-Benaïs. »

Ceci, Messieurs, est vraiment par trop fort et
je laisse à votre sagesse le soin de l'apprécier ; mais
ce que nous sommes forcé de démentir, ce sont les lignes
suivantes :

« Laissons donc Monsieur Benaïs récriminer
« tant qu'il le voudra, aujourd'hui, à l'occasion
« d'une commande qu'il a exécutée de si bonne grâce
« et en parfaite connaissance de cause ?

Et en présence de citations aussi fausses on ne

vous pas que nous vous disions, Messieurs, que l'on cherche à vous tromper par tous les moyens possibles, car il n'est pas vrai que nous ayons rempli la Demande Du 26 Juin, et si de cette Demande Monsieur F. H. Messier a reçu de nous quelques colis nous les lui offrons gratis et avec cette grâce Dont nous qualifie notre adversaire.

Dans cette même page 18, on vous Dit :

« Monsieur Bénair ne croit pas non plus,
« Dit-il, à l'encombrement des marchandises sur
« la place de Lima, au moment Dela vente en bloc,
« ni aux craintes D'une guerre. »

Non, malgré la lettre que je vous ai écrite le 14 Juillet 1852, je ne croyais pas à une guerre et moins encore à l'encombrement ; car D'où me venaient en partie ces nouvelles de guerre ? si ce n'est de mon adversaire, qui, je le soutiens de nouveau, avait déjà son plan arrêté pour exécuter son illégale liquidation ; mais lui-même ne croyait ni à la guerre ni à l'encombrement au moment où il s'est appliqué si illégalement une très-forte partie Des marchandises ; non il n'y croyait point et nous allons le prouver par ses propres faits :

1° Si Monsieur F. H. Messier avait cru à une Guerre et si la place avait été encombrée il n'aurait pas accaparé la masse de marchandises qu'il s'est appliquée si illégalement, illégalité qu'il savait, n'en doutez pas,

Messieurs, lui attirerait des désagréments ; car il n'avait par le droit d'agir ainsi ;

2°. S'il avait cru à la guerre et surtout s'il avait été, comme il dit aujourd'hui, encombré, il n'aurait point demandé par sa note du 26 Juin, N° 71, quatre-vingts neuf colis de marchandises, non, il n'aurait point demandé ces 89 colis puisqu'il avait soit en magasin, soit en Douane, soit en route de la presque totalité des articles contenus dans la note N° 71.

Voilà, Messieurs, qui prouve évidemment que Monsieur F. A. Messier ne croyait pas à la guerre et n'était pas réellement encombré comme on vient vous le dire aujourd'hui ; car, remarquez-le bien, Messieurs, dans le principe on vous a dit qu'on était toujours encombré, nous avons combattu ces encombrements et prouvé qu'il n'existait pas jusques et y compris la lettre du 23 Mars 1852 ; nous avons fait plus, Messieurs, nous avons prouvé par notre adversaire qu'il y avait très-peu d'articles d'une vente difficile. Battu sur ce point notre adversaire vient vous dire aujourd'hui que l'encombrement existait au moment de la vente en bloc ; mais, encore une fois, si vous aviez été encombré au moment de la vente en bloc, vous n'auriez pas demandé les quatre-vingts neuf caisses de votre note N° 71 au même moment où vous vous appliquiez plus d'un

million de marchandises et à votre arrivée en France
vous n'auriez pas expédié immédiatement des marchandises par Panama afin qu'elles arrivent en
50 Jours, puis par un seul navire le Bombay 203 colis,
puis enfin continué de cette manière vos expéditions.

Ces faits, Messieurs, sont incontestables et
devant de pareilles citations il est impossible que vous
puissiez ajouter foi aux arguments présentés par
Monsieur F. A. Messier pour après s'être appliqué
illégalement et de sa propre volonté les marchandises de
la participation, venir vous dire que les prix et les
échéances données doivent être religieusement respectés.

Encore un mot sur ce prétendu encombrement
et paralysation par suite de l'affaire Flores.

Mais si cette expédition, nous vous le répétons
encore, avait eu les conséquences qu'on veut lui donner,
ces conséquences retomberaient sur notre adversaire,
qui, d'après des lettres de Lima, aurait positivement
contribué à cette expédition, circonstance qu'il n'a
pas démentie.

Notre adversaire dans la page 19 de son
mémoire vient vous déclarer, Messieurs, que tout était
arrêté en Juin, puisqu'il vous dit ligne 14 et suivantes :
« Monsieur F. A. Messier a définitivement accepté
« pour ses successeurs, Messieurs Ruttinger et

« Barlen dans le courant de Juin. »

Ce fait est de nouveau avéré aujourd'hui il est imprimé ; eh bien dans quel but nous avez-vous demandé votre note N.° 71 ? Si ce n'est dans le but de vous servir de nous et de notre argent jusques en après votre illégale liquidation. Nous vous le répétons, Messieurs, nous ne voulons faire aucune réflexion, ce n'est pas à nous de juger notre adversaire ; mais nous avons le droit de vous prier, comme nous vous prions, de bien réfléchir à ce que nous venons de vous dire, car pour nous, nous n'avons la prétention que de défendre nos intérêts en rien que nos intérêts.

Je passe sous silence les citations qu'on a faites des lettres pour ce qui a rapport aux plaintes ; je les ai réfutées victorieusement dans mes trois mémoires et je ne pourrais que me répéter.

La page 22 vient encore prouver la fausseté des assertions de notre adversaire, car il vous dit :

« Trois catégories ont été faites. »

Ce fait est faux, il n'en existe que deux et ces deux sont :

1.° Les marchandises prises au prix arbitraire d'évaluation, c'est-à-dire à perte, payables à 6, 12 et 18 mois ;

2.° Celles prises à 30 pour cent payables à 6 et

10 mois ? Oui, Messieurs, ces marchandises ont été prises au dessous du cours et notre adversaire vient encore nous en donner la preuve dans la page 22, par le paragraphe suivant :

« Les marchandises en magasin au 30 Juin
« ont été estimées sous l'empire des facheuses
« circonstances que nous avons rapportées, c'est à
« dire eu égard à l'encombrement et à la diffi-
« culté des ventes. »

Ce qui veut dire qu'elles ont été estimées par vous, Monsieur F. A. Messier, plus bas que leur valeur réelle et prises dans une circonstance tout à fait favorable à l'acheteur, c'est-à-dire au vendeur notre ex-associé

On vous dit encore à la même page :
« Monsieur Benaï a cherché pour critiquer
« cette estimation un point de comparaison
« dans le précédent inventaire, fait, époque
« 31 Janvier 1852 et il rappelle la lettre de
« Monsieur F. A. Messier dans laquelle ce
« dernier, s'expliquant sur cet inventaire, dit :
« L'Inventaire est très-bas et à peine avons nous
« quelques articles d'une digestion difficile. »

Mais, Messieurs, sur quoi dois-je m'appuyer pour défendre mes intérêts et quoi de plus loyal que de prendre pour point de comparaison les mêmes pièces de mon adversaire, comparaison qui donne un peu plus de 18 pour cent de perte.

Mais en voici une autre preuve qui nous qui nous arrive de Panama sous la date du 3 Juin 1853, nous ne l'avons pas demandée, elle nous est arrivée tout naturellement, et nous allons vous la transcrire de même :

Messieurs A. Vidal et C°. nous écrivent, en nous demandant des marchandises ; ce qui suit :

« Nous avons reçu de Lima ce matin de
« Monsieur Ruttinger la caisse parfumerie
« **F.A.M. V.B.** N° 1739, une partie a été vendue de suite.
« Monsieur Ruttinger nous l'a expédiée à quatre
« mois de terme, elle se monte à $ 207. »

Eh bien, Messieurs, cette même caisse **F.A.M. V.B.** 1739 dans l'Inventaire de Monsieur F. A. Messier des marchandises en Douane a été prise par lui à $ 138 payable à 6, 12 et 18 mois, ces marchandises ne sont donc pas si mauvaises puisqu'elles donnent à notre adversaire 50 pour cent de bénéfice. Voilà des faits qui parlent, Messieurs, et que rien ne saurait détruire.

Mais du reste, Messieurs, ceci ne doit pas vous étonner puisque nous avons eu l'honneur de vous dire que la caisse 1555 du même inventaire avait été prise par notre adversaire à 61 pour cent meilleur marché qu'il n'avait vendu la sœur de cette même caisse à Messieurs Campo y Estrada.

On vous dit qu'avant l'illégale liquidation j'avais toujours approuvé les ventes et de là on veut tirer la conséquence que Monsieur F. M. Messier avait le droit de se faire les ventes qu'il s'est faites, ceci n'est pas logique : J'ai, il est vrai, approuvé les ventes que vous avez faites sous l'empire de notre traité, mais une fois que vous avez éludé notre traité j'ai, comme je devais le faire, protesté contre les ventes illégalement opérées.

On vous parle page 26 de l'Inventaire fait au 31 Janvier 1853, mais nous n'avons rien à voir à cet Inventaire fait par vos associés, c'est-à-dire par vous-même et la loi ne vous permettant point de vous servir de pareille pièce, étrangère du reste à notre affaire ; nous les repoussons sans l'analyser.

Page 27 on vous dit :

« Monsieur Benaït s'est perdu dans une
« foule de calculs pour démontrer qu'en retranchant
« du chiffre de 30 pour cent l'intérêt de son argent
« et la perte aux retours, il fallait réduire ce béné=
« fice à un net produit de 5 1/4 pour cent. »

A cela je répondrai à mon adversaire :

Répondez-moi par un autre calcul.

Nous trouvons page 28 ce qui suit :

« Si les griefs de Monsieur Bénair avaient
« été sérieux est-ce qu'il ne se serait pas empressé
« d'accepter l'offre qui lui avait été faite, en
« temps opportun, par Monsieur F. A. Messier
« de prendre pour son compte, au prix des estima=
« tions qu'il attaquait, les articles inventoriés
« et telles expéditions qu'il voudrait désigner. »

Cette offre, Messieurs, peut se comparer à
celle qui nous faite dans le temps d'escompter, c'est-
à-dire d'embrouiller encore notre liquidation, et d'atténuer,
s'il était possible, la prise illégale de l'illégale liquida=
tion, de cette liquidation monstrueuse, que la loi
condamne, circonstances que notre adversaire ne saurait
nier, puisque dans la page 13 de son mémoire, il
s'exprime ainsi :

« Loin de nous l'intention de méconnaître ce
« principe de notre droit, que le mandataire chargé
« de vendre un objet et de débattre les conditions
« au plus grand avantage de son commettant ne peut
« pas se vendre à lui-même. En effet il est
« naturel de penser qu'un mandataire, vendeur pour
« autrui et acheteur pour son propre compte sacrifiera l'intérêt
« qui lui est confié à son intérêt personnel. »

Ensuite, cette proposition ne pouvait être acceptée; le fait était consommé et je n'avais et n'ai encore de maison propre à Lima, et surtout de maison de détail pour y écouler les marchandises déballées; d'un autre côté cette offre dérisoire me fut faite à Paris le 14 Novembre au soir; c'est-à-dire cinq mois après la prise de possession des marchandises et au moment où il était positivement décidé que nos discussions seraient portées devant des Juges. Il m'était donc impossible d'accepter cette proposition qui aurait été une espèce de transaction, tout en annulant mes protestations de Septembre.

On vous a dit, Messieurs, que le délai pris pour les marchandises à 30 pour cent était un délai parfaitement justifié et pour cela on vous a parlé à vous, mais pas à moi, de la vente de onze balles de drap placées à dix mois de terme. — C'est encore pour tromper votre religion qu'on a cité ce fait résultant du compte de vente N° 198 daté de Lima le 31 Juillet 1850. Cette vente de onze balles de drap, Messieurs, quoique portée sur un compte de vente de Lima n'a pas été effectuée à Lima, mais bien à Valparaiso par M.M. Jagerschmidt et Tulliax et nous n'avons jamais dit qu'à Valparaiso l'on ne vendait pas à dix mois. — Valparaiso ne doit nullement nous occuper dans cette circonstance, mais bien Lima; et en prenant ce même compte de vente N.º 198 nous trouvons qu'il a été vendu à Lima à une assez grande quantité d'acheteurs une assez forte partie des marchandises, non pas à dix mois mais bien à 4 mois puis à 6.

Enfin on vous a cité des documents signés par différentes maisons pour justifier les termes pris par notre adversaire.

Ces documents, Messieurs, sont loin de justifier les termes de 6 et 10 mois et 6, 12 et 18 mois.

Le premier signé par des négociants du pays, vous dit que:

Les délais courants et d'usage pour la vente des marchandises sont de 6 mois; mais que lorsque l'on réalise des affaires ou que l'on vend des magasins, les termes que l'on stipule pour les paiements sont beaucoup plus longs et que généralement l'on accorde 6, 12 et 18 mois pour se libérer. Ainsi il résulte de cette déclaration que la vente des marchandises seule est positivement à six mois, mais que les restes de marchandises avec magasin, comptoir, étagère et autres ustensiles déjà usés; obtiennent 6, 12 et 18 mois et dans la vente de Monsieur F. A. Messier à sa nouvelle maison entrent tous les ustensiles du magasin et même, si je ne me trompe, tous les meubles dont il se servait. Qu'est-ce qu'a vendu notre participation ? Des marchandises et ces marchandises n'ont, comme vous le dit cette même déclaration, que les délais courants et d'usage ; c'est-à-dire 6 mois.

Lorsque l'on quitte un magasin, Messieurs, que l'on possède depuis quelque temps et qu'on l'a encore pour un certain nombre d'années il est on ne peut plus avantageux pour celui qui veut s'en revenir en Europe de céder et son loyer et ses ustensiles du magasin qui, sortis de leur place, n'obtiendraient absolument rien, et vous savez aussi bien que moi, que le magasin et les ustensiles étaient la propriété de Monsieur F. A. Messier et non celle de la participation. D'un autre côté nous avons prouvé que nos marchandises n'étaient point des restes.

Même observation pour la déclaration des Négociants Français, et en parlant de Négociants Français, nous croyons savoir d'une manière positive qu'un certificat a été aussi demandé à une maison respectable de cette ville. Nous serions curieux de connaître la réponse de cette honorable maison.

Notre adversaire dit qu'il n'entrera pas dans les discussions de comptes, attendu qu'il ne veut pas sortir des limites de son écrit, qu'il a remis des comptes et

que ces comptes seront vérifiés par vous, Messieurs,
ou par un expert que vous aurez la bonté de nommer.

J'ai jeté un coup d'œil sur ces comptes
et j'avoue franchement que je ne les comprends pas,
car ce ne sont point des comptes.

Il ajoute page 31 :

« Nous avons voulu depuis décomposer ce
« compte de $ 256,704. 6ᵛ et nous avons trouvé
« qu'en effet Monsieur Benaï y a fait figurer
« les montans des comptes de vente depuis les 31 —
« Janvier 1852 jusqu'à la fin de la liquidation,
« mais nous avons remarqué aussi qu'il avait
« porté en tête de ce compte un article de débit
« de $ 85,361. 7ᵛ pour solde du compte antérieur.

« Comme nous n'avons jamais eu sous les
« yeux ce compte antérieur, et que nous avons
« de bonnes raisons de croire qu'il n'existe
« pas, nous avons dû interrompre notre vérifi-
« cation. La discussion du compte de Monsieur
« Benaï était devenue impossible en présence de
« ce point de départ tout de fantaisie. »

C'est vraiment un peu fort, Messieurs, que
de s'exprimer ainsi et c'est bien vouloir gagner du
temps et retarder les payemens de ce qui m'est dû,
que de dire :

« *Nous avons de bonnes raisons de croire qu'il*
« *n'existe pas.* »

Mais ce compte vous nous l'avez remis vous-même, sous le N° 540 et sous la date du 30 Juin 1852, seulement nous l'avons doublé parceque vous ne nous créditiez que de la moitié et cette explication nous vous l'avons donnée dans notre premier mémoire balançant en notre faveur d'après vous-même par # 256,784. 6. ᵉ C'est donc par mauvaise volonté et pour gagner du temps que vous venez nous dire: "Nous avons de bonnes raisons de croire qu'il n'existe pas"

Oui, c'est mauvaise volonté et pour garder devers vous, et envers et contre tout l'argent que, je vous le répète, j'ai si loyalement mis en vos mains.

Vous avez dû, dites-vous, interrompre votre vérification ne connaissant pas la provenance des # 85,361. 7. ᵉ; mais cette provenance vous l'expliquez vous-même à Messieurs les Arbitres dans vos observations sur le compte imprimé à la page 28 de mon premier mémoire, car vous dites: " Le chiffre de # 85,361. 7ᵉ
"serait-il le montant de toutes les ventes précédemment
" effectuées par Monsieur F. A. Messier depuis l'origine
" de la participation, sous la déduction de toutes les
" valeurs par lui retournées, puisque Monsieur Benais
" soutient qu'aucune retenue n'a dû être faite à

« Limas? Pas le moins du monde. »

« Monsieur Bénard l'a ainsi composé : prenant
« la balance du compte de 12 pour cent que lui avait
« envoyé Monsieur F. C. Messier, époque 31 Janvier
« 1852, il l'a tout simplement doublée pour en
« faire son point de départ. »

Je laisse au Tribunal l'appréciation d'une
pareille conduite.

Pages 31 et 32, on vous dit :

« Les Associations en participation diffèrent
« essentiellement des autres sociétés de commerce,
« elles ne sont sujettes à aucune des formalités
« légales imposées à celle-ci ; et les usages du com-
« merce ne les astreignent à aucune forme spéciale
« de comptabilité, de règlement et de liquidation. »

« Les opérations s'accomplissent et se règlent
« selon les convenances de chacun, à défaut de
« convention préalable. »

Nous n'avons pas besoin d'analyser le premier
paragraphe qui se trouve annulé par le second qui
s'exprime ainsi :

« Les opérations s'accomplissent et se règlent selon
« les convenances de chacun à défaut de conven-
« tion préalable. »

Vous l'entendez, Messieurs, à défaut de convention

préalable, ou, comme il existe entre Monsieur F. A. Messier et Monsieur Vital Benaix un contrat sous la date du 7 Mai 1848, les convenances de chacun doivent être écartées et notre participation doit s'accomplir sous l'influence de notre contrat puisqu'il y a eu convention préalable, constatée par la lettre contrat du 7 Mai 1848.

Il est vrai que ce contrat ne stipule pas la manière de tenir les livres, mais il dit d'une manière formelle dans son article 5 :

« Le net produit des ventes me sera retourné
« le plus tôt possible ; toutes vos remises prove-
« nant de nos marchandises seront assurées par
« moi et voyageront comme les marchandises,
« aux périls et risques de nous deux. Les bénéfices
« comme les pertes de ces opérations seront partagés
« par nous deux par moitié. »

Quoi de plus clair, Messieurs, et de plus ex-
pressif ! Que signifient donc ces mots : " Le net produit
« des ventes me sera retourné ? " Si ce n'est que les résultats
de toutes les ventes de notre participation doit m'être
retourné ?

Nous bornerons là nos observations sur l'article
5 qui, nous le pensons, sera apprécié par vous Messieurs.

Examinons donc par la correspondance quelle
a été la méthode qui a été arrêtée pour passer les

écriture et à cet effet).

On vous cite, page 32, ce qui suit : de ma dernier lettres des 14 Août 1848 et 12 Janvier 1849 :

Lettre du 14 Août 1848.

« Inclus facture à 14 Colis marchandises
« (Dont un échantillon). Ces marchandises
« chargées à votre adresse, sur le Navire "La
« Camélia" parti du Hâvre le 30 Juillet
« Dernier, s'élevant à Dix sept mille sept cens
« quatre francs quatre vingt Dix centimes f.
« 17,704,90°. Dont huit mille huit cens cinquante
« Deux francs quarante cinq centimes, la moitié
« figure au Débit d'un compte nouveau que je
« viens de vous ouvrir ici pour ce genre D'opéra-
« tions qui va de compte à Demi et aux
« conditions stipulées Dans ma lettre Du 7
« Mai écoulé, Datée de Kingston. »

Lettre du 12 Janvier 1849 :

« Inclus facture à 56 Douzaines chemises
« Dont 55 de couleur, elle se monte à f. 2,447. 60°.
« Vous êtes Débité De la moitié sur votre compte
« particulier. »

Par ces Citations nous voyons, Messieurs,
que je Débitais Monsieur F. Av. Messier de la moitié
de la somme et aux conditions stipulées Dans nos

lettre du 7 Mai écoulé datée de Kingston, sans
l'autoriser en rien, ni pour rien, à ne m'envoyer que
la moitié du net produit des ventes ni à retenir des
bénéfices qui ne pouvaient résulter que de la liquidation
faite à Paris, et une fois terminée.

Croie moi après la lettre du 12 Janvier 1849,
c'est-à-dire le 14 Avril 1849, et faites-y bien attention,
Messieurs, avant d'avoir reçu aucun compte courant de
mon adversaire, j'écrivais la lettre suivante :

Lettre du 14 Avril 1849 :

« Je crois que vous devez suivre mon système, c'est-
« à-dire établir un compte intitulé "Vital Bénaïs
« compte à Demi"; sur ce compte vous porteriez
« au Débit le montant des factures que vous recevriez
« en en créditant mon compte "Vital Bénaïs compte
« particulier"; parceque dans tous états des causes
« Vital Bénaïs compte à Demi avec F.H. Messier
« doit à "Vital Bénaïs compte particulier", puisque
« c'est moi qui paye ici les marchandises. Ensuite
« une fois vos comptes de ventes dressés vous en passeriez
« le net produit par le crédit du compte "Vital Bénaïs
« compte à Demi" et par le Débit des comptes Débiteurs
« de ces marchandises. Lorsque vous feriez une remise
« vous la passeriez au Débit de "Vital=Bénaïs compte
« particulier", et ce, attendu qu'une remise une fois

« en mes mains ; je suis responsable du net produit. —

« Maintenant, à la conclusion de nos opérations votre

« compte « Vital Benou compte à demi » devra présenter

« une assez forte différence à son crédit, différence

« qui constituera le bénéfice fait à Lima et qui sera

« soldé par son envoi en France, car c'est ici que

« nous connaîtrons le résultat de toutes nos opérations,

« attendu que sur mon compte ici (à Paris) de

« « F. A. Messier compte à demi », figureront indubi-

« tablement quelques frais non portés sur les factures,

« comme aussi à son crédit certains escomptes

« retardataires, primes, etc.... »

Maintenant, voyons qu'elle fût la réponse
de Monsieur F. A. Messier à cette même lettre : Nous
n'avons qu'à ouvrir sa lettre du 13 Juin 1849 et nous
trouverons page 1re paragraphe 4 ce qui suit :

« Je vais mettre ce mois-ci mes écritures sur

« le pied que vous m'indiquez pour marcher de

« conformité avec vous et vous ferai part de mes

« ventes tous les mois comme vous le désirez »

Ceci est bien positif, Messieurs, mais peut-être
pas assez pour notre adversaire qui paraît par trop sourd
pour comprendre et apprécier ce qu'il a écrit lui-même :

Nous allons donc vous faire encore quelques
citations ; car nous voulons que vous vous prononciez

sur ces points comme sur tous les autres sans que votre
conscience puisse rien vous reprocher.

Prenons donc la lettre de Monsieur F. H. Messier
sous la date du 10 Juin 1852, c'est-à-dire dans ce moment
brûlant de la mise en exécution de ses projets et où il avait
le plus grand besoin de fonds, soit pour me couvrir de ce
qu'il me devait, soit pour commencer les affaires de sa
nouvelle société.

Nous trouvons dans cette lettre du 10 Juin
ces mots bien positifs, que nous vous copions.

Lettre du 10 Juin 1852 :

« . . . . Devant régler avec vous le
« résultat de nos affaires en Europe, mes écritures ne
« serviront que de jalons pour vérifier les vôtres. »

C'est encore bien positif et bien français ; mais
ce n'est pas encore assez pour notre adversaire, conti-
nuons donc encore et voyons ce que nous écrivait notre
ex-associé sous la date du 9 Mars 1852 dans son 2ème
paragraphe, page 8ème :

« Vous avez raison pour ce qui est de la tenue de
« nos comptes ; il est ridicule que m'expédiant,
« par exemple ₤ 100 de marchandises vous ne
« soyez crédité que de 50 ₤. ce n'est pas en ordre ;
« mais vous savez que pour conserver la tranquillité
« intérieure il faut quelquefois, contre son gré

« souffrir, si ce n'est consentir à certaines choses. D'un
« autre côté, mes livres étaient installés d'après cette
« méthode vicieuse et comme en définitive les résultats
« sont exacts et que tout sera réglé à Paris entre
« vous et moi, il nous sera plus que facile de nous
« entendre. Ainsi je ne changerai rien à ma marche
« pour éviter un surcroît d'opérations, quoique mes
« livres aient le défaut de ne présenter que ma posi-
« tion particulière et nullement notre position de
« compte à demi. »

Nous vous avons déjà cité tout cela, Messieurs,
et après des citations aussi vraies et aussi formelles nous
pensions que notre adversaire serait satisfait, nous nous
sommes trompés. C'est, vous l'avouerez, Messieurs, de
sa part par trop d'exigence de ne pas s'avouer vaincu sur
ce point, en présence de ce que nous avons eu l'honneur
de vous exposer dans nos divers mémoires et principalement
dans le dernier.

Quoiqu'il en soit, et voulant prouver au
Tribunal notre bon vouloir à l'éclairer sur ce point,
nous allons lui citer une lettre du 12 Juillet 1850
répondant à la nôtre du 15 Mai de la même année
et écrite à sa maison sous ses propres yeux.

Ma lettre du 15 Mai 1850 :
« Pour ce qui est de la Comptabilité nous sommes

« parfaitement d'accord, vous étant rendu vous-même
« aux observations faites par moi en présence de
« mes livres, vous aurez donc la bonté de vous
« y conformer. »

Nous disons que cette lettre fut écrite sous les yeux de notre ex-associé Monsieur F. A. Messier, attendu qu'il était à Paris où nous discutâmes la manière dont il devait tenir ses livres, manière qu'il approuva en écrivant dans notre sens pour donner ordre à sa maison de tenir sa comptabilité d'après notre système et c'est sous cette influence que son chargé de procuration et teneur de livres nous écrivit la lettre du 12 Juillet 1850 répondant à la vôtre du 15 Mai citée ci-dessus.

Lettre du 12 Juillet 1850:
« Monsieur Vital Bénaïs à Paris »
« J'ai sous les yeux votre lettre du 15 Mai
« dernier, des plis de laquelle j'ai bien retiré toutes
« les pièces annoncées. »
« Je vois que non seulement vous avez persisté
« dans votre système de comptabilité, mais encore
« que vous avez fait partager votre opinion à
« Monsieur Messier; l'écrivain le regrette vivement
« parceque vous êtes dans l'erreur et que votre
« système ne présente pas les données nécessaires
« pour en faire une comptabilité exacte; la dernière

« objection de votre part se fonde sur un des articles
« de votre convention qui dit que tous les produits
« nets doivent être remis à Paris.

« 1.º Je vous ferai observer que vous, remettant
« en effet tous les produits nets, peu importe que la
« moitié en soit passée au débit d'un compte &
« l'autre moitié au débit d'un autre ; le fait de
« la remise n'en reste pas moins réel et la convention
« exécutée ; »

« 2.º Par mon système vous avez toujours la
« possibilité de vous assurer si je vous remets
« bien tous les produits nets : le Compte **B** pré-
« sentant au crédit la moitié des produits nets
« et au débit la moitié des remises, ces deux
« moitiés se balançant, les deux entiers se balan-
« ceront également. Ce qu'en dit maintenant
« l'écrivain n'est plus pour vous amener à son
« point de vue puisque votre parti est pris, c'est
« encore moins par un entêtement déplacé ; c'est
« seulement pour qu'il soit établi qu'il a fait tout
« son possible pour vous amener à une manière de
« voir qu'il croit juste, et que dans le cas où il
« y aurait à reconnaître les vices de votre méthode,
« sa responsabilité de Teneur de livres de la mai-
« son soit à couvert. »

« Jusqu'au 30 Juin mes écritures seront passées
« d'après ma méthode et pour celles à partir du
« premier Juillet j'attendrai jusqu'au vapeur pro-
« chain votre réponse à ma lettre d'Avril, si vous
« y persistez dans votre système je m'y conformerai
« alors, ou, ce qui sera mieux, je tiendrai mes
« livres tels qu'ils doivent être tenus et j'en aurai
« un auxiliaire sur lequel j'établirai vos comptes
« tels que vous les passez, pour avoir une compa-
« raison exacte. »

Voici, Messieurs, ma réponse à sa lettre
d'avril, datée du 12 Juin 1850 :

« Je ne vous suivrai pas dans vos raisonnements
« de comptabilité et ce, attendu que c'est une affaire
« réglée ; néanmoins je vous dirai qu'il existait
« dans votre dernier mode de passer vos écritures
« non seulement un changement d'opinion, mais
« bien encore une déviation à un article de nos
« conventions, conventions, qui pour nous, doivent
« avoir plus de force que l'opinion de Monsieur
« Edmond Desgranges ou de tous autres auteurs qui
« auraient traité la tenue des livres et qui doivent
« servir de bases à l'établissement de toute notre
« comptabilité. »

Vous le voyez encore, Messieurs, c'est bien clair,

bien positif et tous ces prévus : Le net produit de toutes les marchandises doit m'être remis os ce, lors même que Monsieur F. A. Messier ait continué de passer ses écritures comme bon lui semblait.

Nous étendre davantage sur ce point serait non seulement abuser de vos moments ; mais bien encore ne pas savoir apprécier la connaissance que vous avez dans de pareilles affaires ; en conséquence, vous condamnerez sur ce point Monsieur F. A. Messier à exécuter l'article 5 de notre contrat, c'est-à-dire, l'envoi en entier, en France, chez moi, du net produit des ventes de toutes les marchandises à lui expédiées pour compte de notre participation.

En présence de ce que nous venons de vous dire, Messieurs, nous n'avons plus besoin de nous occuper, pour nous servir des mêmes expressions de notre adversaire :

"Des bénéfices à prendre au passage."

Nous passerons donc rapidement au folio 35 pour répondre aux trois paragraphes suivants de notre adversaire :

« Nous avons seulement un mot à dire au sujet
« de la Commission de Ducroire de 2 1/2 pour cent
« que Monsieur Bénaïs a retranché dans ce
« compte supplémentaire. »

« Le contrat a stipulé une Commission de
« Ducroire sur toutes les ventes sans exceptions et
« on ne comprendrait pas que cette Commission

« fut retranchée de la vente en bloc faite à la nouvelle

« maison ». »

    « Monsieur Béraü donne comme motif unique de

« ce retranchement, qu'il s'agit d'un cas extraor-

« dinaire dans lequel Monsieur Messier est vendeur

« et acheteur ». »

    Oui, notre contrat a stipulé une commission
de Ducroire sur toutes les ventes, mais non pas sans
exception. Cette commission de Ducroire doit vous être
payée, il est vrai, tant sur les ventes à terme que
sur les ventes au comptant, usage du pays, attendu
que souvent et bien souvent des ventes au comptant,
ne sont jamais payées, par la raison que le mot comptant
ne veut pas toujours dire prendre la marchandise
d'une main et la payer de l'autre ; ainsi donc nous
avons vu des personnes achetés comptant, recevoir la
marchandise et sous prétexte de la vérifier chez elles
rester 24 et 48 heures sans la payer, souvent même ne
pas la payer du tout, c'est pour cela que le Ducroire
est toujours dû, même comme nous l'avons dit, sur les
ventes au comptant.

    Maintenant, voyons comment s'exprime
l'article 4 de notre contrat qui parle de la commission
de garantie de 2 1/2 pour cent :

    « Article 4. Les marchandises qui vous seront

« dirigées par moi seront vendues par vous de la
« manière la plus avantageuse. Les marchandises
« seront vendues par vous, sous votre commission
« de 2 ½ pour cent seulement, pour garantie des dites
« ventes ; car je ne veux entrer dans aucune des pertes
« provenant du non paiement de vos acheteurs. »

Vous l'avez bien entendu, Messieurs.

« Car je ne veux entrer dans aucune des pertes
« provenant du non paiement de vos acheteurs »
et " de vos acheteurs " ne veut pas dire, de vous, Mons.r
F. A. Messier. Du reste et comme je l'ai déjà dit, la
loi est formelle et ne permet point de se garantir soi-même,
c'est donc sur ce point une affaire jugée.

En dehors du mémoire, l'un de vous, Messieurs
les Juges arbitres, m'avez dit que Monsieur F. A. —
Messier vous avait annoncé qu'au commencement
de 1849 il s'était appliqué trois caisses d'Indiennes
N.os 30, 31 et 35 sur le montant desquelles il
avait prélevé la commission de garantie de 2 ½ pour cent.
Nous avons vérifié tous les comptes de ventes et
effectivement nous trouvons dans celui N.o 67 sept
caisses d'Indiennes sous les N.os 30 à 36 vendues, trois
à divers et les quatre restantes portées avec ces mots:
Prix par moi.

Les quatre caisses montaient à # 888. 4 ½ et le

compte de vente total à ₶ 17,889.3ᵛ sur laquelle somme la commission de 2 ½ % a été prise.

Je vous déclare, Messieurs, sur l'honneur que je ne fis pas attention à ces mots : " Pris par moi." bien lisibles du reste, mais qui se trouvent au milieu d'une masse d'acheteurs. Vous ne devez donc considérer, Messieurs, cette circonstance que comme une erreur, et comme une erreur en équité et en Justice ne fait pas foi, vous en ordonnerez le redressement.

La question de l'envoi des fonds étant résolue de la manière la plus positive, nous n'avons pas besoin de nous occuper des chiffres portés au folio 36 et que du reste nous ne comprenons point.

La fin de cette page s'exprime ainsi :
« Que dire sur la demande d'une provision ?
« Là où il n'y a point de dette, il ne peut y avoir
« de payement provisoire. C'est là une proposition
« incontestable. »

Nous ne comprenons pas bien :
" C'est là une proposition incontestable."

Vous ne devez rien d'échu, dites-vous ; mais comment pouvez-vous parler ainsi en présence de vos propres comptes de vente, de votre propre signature, enfin en présence de vos mêmes échéances, de ces échéances à perte de vue et dont nous demandons le redressement

ainsi que des comptes ? Vous ne savez donc point que des
ventes illégales comme celles que vous vous êtes faites n'ont
point d'échéance et que par conséquent vous devez
au compte en participation des sommes immenses ? —
Mais laissons nos Juges prononcer sur les divers redres=
sements que nous réclamons d'eux en voyant aux pages
Nos. 20 et 37 de notre second mémoire et nous trouverons
qu'en Capital seulement et d'après vous, vous devez
d'échu, toujours d'après vos propres échéances :

$ 163,728.1½ soit f°s 818,640.92½.

Comme suit :

Page 20, échu au 12 et 15 Avril dernier.

$ 150,675.3   auquel il faut ajouter :

$ 12,091.1 ⁷/Cte de vente N°. 539 échu le 4 Mai 1853.

$ 16,332.2 ⁷/Cte de d°te N°. 549 échu le 10 Mai 1853. } Page 37.

$ 17,168.6 ⁷/Cte de d°te N°. 559 échu le 6 Juin 1853

────────────

$ 196,267.4 — Sur les quels il faut Déduire :

$ 11,323.3 ⁷/fre de Lima du 11 Avril 1853 à
4 barres argent.

$ 9,094.5¾ Valeur approximative de ⁷/Ete
de £ 1800 sur Londres à 60 jours de —
vue et dont j'attends encore le cours et la valeur.

────────────

$ 196,267.4 $ 20,418...3/4 à reporter

reporté # 196,267. 4   # 20,418. " 3/4

12,121. 1. 3/4 v/8re remise du 19 courant à une traite

32,539. 2 1/2   de f. 60,000 à 60 jrs de vue sur Paris.

163,728. 1 1/2 soit à 5 fcs pour une piastre fcs 818,640. 92 1/2

en Capital et d'après vos comptes dont nous demandons le redressement ; car vous nous devez bien davantage, soit par des factures que vous avez omis de nous créditer, soit par des intérêts, différences, &c. que nous réclamons, et vous appelez cela :

« Ne devoir rien du tout d'échu. »

C'est vraiment par trop fort et pour nous servir encore de vos expressions " Aucun habitants de « la Métropole ne pourra penser que vous écriviez « sérieusement. »

En présence de ce que nous venons de dire, Messieurs, nous aimons à croire que vous condamnerez immédiatement Monsieur F. A. Messier à nous compter les 600,000 francs de provision que nous avons demandés.

Nous arrivons à la page 37.

Nous passerons sous silence l'affaire de l'hypothèque en continuant à soutenir ce que nous avons avancé sur ce fait et ce, pour nous servir des expressions de notre adversaire, sans aucune insinuation malveillante, car, dans les débats

que nous avons eus, jusqu'à présent nous avons marché
loyalement en envoyant à notre adversaire ainsi qu'à son
avocat toutes les pièces que nous vous avons produites.
Notre adversaire nous a-t-il suivi dans cette marche
loyale? Non, Messieurs; une pièce vous a été envoyée
sans nous être communiquée, vous nous en avez parlé
officieusement et nous y avons répondu par lettre;
la considérant entièrement étrangère à l'affaire qui
nous occupe.

Par ce que nous avons eu l'honneur de vous
exposer nous croyons avoir combattu victorieusement
le mémoire de notre adversaire; mémoire, qui, du reste,
n'amoindrit pas le moins du monde la valeur des
nombreuses pièces que nous avons produites dans nos
trois écrits.

On vous a dit dans les débats que Monsieur
F. A. Messier ne pouvait avoir d'avantage à sacrifier
les intérêts du compte à demi; attendu que dans la
participation avec Vital Bénaïr il était intéressé de
moitié tandis que dans sa nouvelle maison il n'avait
qu'un tiers; ainsi, par exemple, s'il vendait à sa
maison 10 pour cent de moins que la valeur de la
marchandise il perdait 5 pour cent, tandis que n'étant
intéressé que d'un tiers dans sa nouvelle combinaison
il n'avait sur ces mêmes 10 pour cent que 3 1/3 pour cent.

Différence en perte pour lui de 1 ⅓ pour cent.

Ce fait ne saurait autoriser la liquidation exécutée par la seule volonté de Monsieur F. A. Messier, mais puisqu'il faut analyser toute la conduite et la pensée de notre adversaire dans cette liquidation, nous allons le faire, en prouvant l'intérêt qu'il avait d'agir comme il l'a fait.

Exemple:

Supposons que Monsieur F. A. Messier ait vendu à 40 % au lieu de 30 %.

À 40 % il aurait naturellement pour lui ..... 20 %

1.° Prenons maintenant le taux de 30 % et il a pour lui .... 13 %

Auxquels il faut ajouter:

⅓ sur 10 % bénéfice fait par sa maison pour différence de 30 % à 40 % soit .... , 3 ⅓ %

Différence d'une vente ordinaire à 6 mois à celle de 6 et 10 mois soit 2 mois à l'intérêt du Pérou de 1 % par mois en faveur de sa nouvelle maison ou (⅓) un tiers pour lui, soit . ⅔ %

Maintenant, suivant toujours le même système de Monsieur F. A. ————— —————

à reporter .... 19 % 20 %

Reports.....   19.%   20.%

Messieurs, nous devons y ajouter sa prétendue Commission de garantie illusoire puisqu'il vend à sa propre maison, garantie enfin qui est un bénéfice qu'ils commence déjà à prélever sur ses propres associés, soit sur 100^f de marchandises au bénéfice de 30%

= f. 130 à 2 1/2 % 3.1/4%   22 1/4.%

Différence en faveur de Monsr F. A. Messier 2 1/4.%

sur les marchandises prises à 6 et 10 mois et qui serait plus grand encore sur celles prises à 6, 12 et 18 mois. = 1er avantage.

2° Monsieur F. A. Messier en réalisant comme il l'a fait a pu constituer immédiatement le Capital de 120,000# dont il parle dans sa circulaire, soit f.cs 600,000, mise de fonds exécutée comme suit :

1/3 pour Monsieur F. A. Messier.

1/3 — " — " — Ruttinger.) soit 400,000 Fcs

1/3 — " — " — Barlen. } avancés par

Monsieur F. A. Messier à l'intérêt de 1/2 p.% par mois. Ce qui lui constitue immédiatement un revenu de F. 24,000.

3º La retenue de l'argent de Monsieur Vitals Benaü par Monsieur F. A. Messier permet à ce dernier de constituer sa maison à Paris avec ces mêmes fonds de Vitals Benaü et faire avec ces argents des expéditions fructueuses.

Nous ne voulions pas, Messieurs, entrer dans de pareils détails, mais notre adversaire nous y a forcé: Vous voyez donc que la combinaison de Monsieur F. A. Messier a été parfaitement conduite à son avantage.

Observations diverses.

J'ai jeté un coup d'œil sur un certain Tableau intitulé: Existences en Douane et magasin de Lima.

J'avoue encore que je n'y comprends rien et que j'aurais laissé cela de côté si l'un de vous, Messieurs, ne ne m'avait parlé de deux Caisses 1536 et 1538 que Monsieur F. A. Messier aurait prises le Trente Juin à f.º .... 2,715. ""

tandis qu'elles ne coûtaient en France d'après Monsieur F. A. Messier que .... F 2,023. ""

D'ifférence en Bénéfice ...... F 692. ""

en ce qui vous aurait le plus surpris, Messieurs, c'est la différence que vous me dites avoir trouvée entre l'inventaire

Du 30 Juin en celui du 31 Janvier 1853, différences qui serait
de 715 fcᵉˢ sur 2,715 francs. Si vous ne m'aviez parlé
de ces deux caisses, Messieurs, j'aurais gardé sur
elles le plus grand silence, mais vous êtes nos Juges &
je dois vous répondre.

    Voici l'histoire de ces caisses :

FAM.
VB. 1536. Coût à bord en France 2,068.35

Intérêt du 29 Juillet 1851, valeur de la facture d'expédition au 30 Août 1853, valeur
du compte de vente, à 6 %ᵒˡ l'an 262.65

               Soit . . . . F. 2,331. „

FAM.
VB. 1538. Coût à bord en France 555.15

Intérêt du 29 Juillet 1851, valeur
de la facture d'expédition au 30
Août 1853 valeur du compte de
vente, à 6 %ᵒˡ l'an 70.50

                       625.65

           Valeur . . . . F. 2,956.65

Vente suivant l'inventaire du 30 Juin 1852 :
       Caisse Nᵒ 1536 . . . . . . # 312.
       Caisse Nᵒ 1538 . . . . . . # 231.

           à reporter . . . # 543 F. 2,956.65

54.

Reporté ... # 543 . F 2,956,63 .

A déduire :

Frêt du Hâvre au Callao C/ 1536 .... # 19 . "

———"——— "——— "—— C/ 1538 .... # 30 . 4

Débarquement et mise en Douane du

Callao, pour les 2 Caisses .... # 1 . 11

Commission de garantie de 2½ %

sur # 543. montant de la vente ..... # 13. 4½

——————— # 64. 4½

Resté .... # 478. 3½

Change supposé de f. s. a quoique moindre .... F 2,392.15

Différence en perte ... F 564. 50

soit plus de 19 p. %.

Voilà, Messieurs ; ce que nous avons à répondre à votre demande ; vous voyez qu'au lieu de bénéfice il y a sur ces deux caisses de l'Inventaire en Douane plus de 19% de perte ?

On vous a dit que depuis 1850 nous étions par= faitement fixés sur le départ de Monsieur F. A. Messier de Lima pour France ; c'est une erreur, Messieurs, car, voici ce que m'écrivait Monsieur F. A. Messier le 9 Novembre 1851.

« Pour bien faire je devrais rester encore ici deux années ;

« mais je n'en aurai pas la force. Pour me faire payer je fais

« courir le bruit que je pars dans six mois .

Pouvais-je penser d'après ces lignes là que Monsieur
F. A. Messier quitterait Lima en Septembre 1852?

Notre adversaire repousse comme exhorbitant un
bénéfice de 40 pour cent sur facture; il ne se rappelle donc pas
que par sa lettre du 13 Mai 1849, dans ses observations sur
marchandises, il dit page 1:

« Caisses 116 et 117 très bien ou bien vendus, à 300 % sur
« facturer à peu près. »

Voilà, Messieurs, tout ce que j'ai à répondre au
mémoire de Monsieur F. A. Messier et aux questions qu'il vous
a plu de m'adresser.

Je maintiens donc toutes mes conclusions prises
précédemment, ayant prouvé assez que tous les arguments
de mon adversaire n'ont pu les altérer en rien ni pouvoient.

Paris, le 22 Juillet 1853.

75

www.ingramcontent.com/pod-product-compliance
Lightning Source LLC
LaVergne TN
LVHW021146200726
843510LV00001B/262